MAPAS BÁSICOS

LA ROSA DE LOS VIENTOS Y LOS PUNTOS CARDINALES

CAITLIN McANENEY

Gareth Stevens PUBLISHING

Please visit our website, www.garethstevens.com.
For a free color catalog of all our high-quality books,
call toll free 1-800-542-2595 or fax 1-877-542-2596.

ISBN 9781538254004 (pbk.)
ISBN 9781538254011 (eBook)

Published in 2020 by
Gareth Stevens Publishing
111 East 14th Street, Suite 349
New York, NY 10003

Translator: Zab Translaation Solutions
Designer: Sarah Liddell
Editor: Kristen Rajczak

Photo credits: Cover, p. 1 stevegraham/iStock Vectors/Getty Images; p. 5 Kasza/Shutterstock.com; p. 7 Betacam-SP/Shutterstock.com; p. 9 (main) OLEKSANDR SHEVCHENKO/Shutterstock.com; pp. 9 (compass rose), 11 (compass rose), 15 (compass rose) Zmiter/Shutterstock.com; p. 11 (main) Volina/Shutterstock.com; p. 13 Denelson83/Wikimedia Commons; p. 15 (main) soberve/Vetta/Getty Images; p. 17 wavebreakmedia/Shutterstock.com; p. 19 LTL/Contributor/Hulton Fine Art Collection/Getty Images; p. 20 Dafinka/Shutterstock.com; p. 21 Electron/Wikimedia Commons.

Printed in the United States of America

CPSIA compliance information: Batch #CG19WL: For further information contact Gareth Stevens, New York, New York at 1-800-542-2595.

CONTENIDO

Las palabras del glosario se muestran en **negrita** la primera vez que aparecen en el texto.

¿QUÉ ES LA ROSA DE LOS VIENTOS?

¿Alguna vez has usado un mapa para **encaminarte** por una zona desconocida? Usar un mapa puede ser difícil si no sabes cuál es cada dirección en el mapa. La rosa de los vientos es un **símbolo** especial en un mapa que se utiliza para ayudar a las personas a saber las direcciones.

La rosa de los vientos está impresa en la parte inferior de la mayoría de los mapas. ¡Los **cartógrafos** han puesto rosas de los vientos en los mapas durante más de 700 años! La rosa de los vientos muestra las cuatro direcciones principales, llamadas puntos cardinales. También muestra los puntos intermedios entre los puntos cardinales, que se llaman puntos cardinales intermedios.

La mayoría de los mapas tiene una rosa de los vientos para **orientar** a quienes leen los mapas en relación con el área que están observando.

HISTORIA DE LA ROSA DE LOS VIENTOS

La rosa de los vientos tiene su origen en el símbolo más antiguo de los mapas. Este símbolo se utilizaba para mostrar la dirección de los vientos, de ahí su nombre. Las personas de todo el mundo han usado la dirección del viento para la navegación desde tiempos antiguos.

La rosa de los vientos como la conocemos hoy apareció en los primeros portulanos aproximadamente en el siglo XIV. Los portulanos mostraban en los atlas los puertos en las costas y se utilizaban para la navegación en muchos países del Mar Mediterráneo. Las rosas de los vientos tenían en un momento muchos colores, quizás para facilitarles a los **marineros** su lectura a la luz de la vela en el mar.

SOLO HECHOS

Para los marineros del Mar Mediterráneo, los nombres de los cuatro vientos principales de una rosa de los vientos eran Tramontana (norte), Levante (este), Ostro (sur) y Poniente (oeste). Por eso, las primeras rosas de los vientos con frecuencia tenían cuatro puntos cardinales indicados con las letras T, L, O y P.

Esta rosa de los vientos tiene una decoración encima del punto norte llamada flor de lis.

PUNTOS CARDINALES

Los cuatro puntos principales de una rosa de los vientos se llaman los puntos cardinales. Deben leerse en la dirección de las agujas del reloj, es decir, hacia la derecha. En orden, los puntos cardinales son norte, este, sur y oeste.

Puedes recordar el orden de los puntos cardinales inventando una oración con palabras que comiencen con N, E, S y O. Un ejemplo es Nunca Está Sentado Oscar. Usando este conocimiento es fácil darse cuenta de una ubicación si sabes en qué sentido está el norte (Este y oeste también se llaman oriente y occidente.)

Si sabes dónde está el norte, sabes que la dirección opuesta es el sur.

PUNTOS CARDINALES INTERMEDIOS

Del mismo modo que hay cuatro puntos cardinales, en una rosa de los vientos hay cuatro puntos cardinales intermedios. Tales puntos cardinales intermedios son llamados ordinales o intercardinales. Son el noreste, el sudeste, el sudoeste y el noroeste.

¡También es fácil recordar los puntos intermedios! Simplemente combina los nombres de los puntos cardinales de cada lado del punto intermedio. Si estás entre el norte y el este, la dirección es noreste. Los puntos cardinales intermedios pueden ayudarte a dar una ubicación más exacta de un lugar en un mapa.

SOLO HECHOS

Cuando indiques puntos cardinales intermedios, el norte y el sur siempre van antes del este y el oeste.

Encuentra el Reino Unido y Suiza en este mapa de Europa. Observa la rosa de los vientos: ¿En qué dirección está Suiza desde el Reino Unido? ¡El sudeste!

DIRECCIONES EXACTAS

En muchas rosas de los vientos también hay puntos entre los puntos intercardinales. Por ejemplo, algunas de las direcciones entre el norte y el noreste son norte por el este, nornoreste y noreste por el norte.

La mayoría de las rosas de los vientos tienen 32 puntos direccionales en total. Se miden en grados llamados azimuts. Hay 360 grados en un círculo, entonces hay 360 grados en la rosa de los vientos circular. Si se utilizan con los puntos cardinales de la rosa de los vientos, los azimuts te permiten dar las direcciones más precisas, es decir, exactas, cuando se observa un mapa.

SOLO HECHOS

Poder nombrar los 32 puntos de la rosa de los vientos es una habilidad de los marineros a la que se llama "cuartear el compás".

Esta rosa de los vientos muestra los 32 puntos direccionales y los 360 azimuts en la rosa de los vientos. Puedes ver que el norte es el grado 0, el este es 90 grados, el sur es 180 grados y el oeste es 270 grados.

CÓMO USAR LA ROSA DE LOS VIENTOS

Mira el mapa en la página siguiente. ¿Qué indicaciones puedes darle a una amiga que intenta trasladarse desde el patio de juegos a la cancha de baloncesto?

Encuentra la rosa de los vientos. El patio de juegos está al sudeste desde la cancha de baloncesto, entonces puedes decirle a tu amiga que camine hacia el noroeste a través del parque. O puedes decirle que camine hacia el norte para salir del patio de juegos y que camine hacia el oeste cuando llegue a la iglesia. Una vez que llegue a la escuela, le indicas que camine hacia el norte nuevamente.

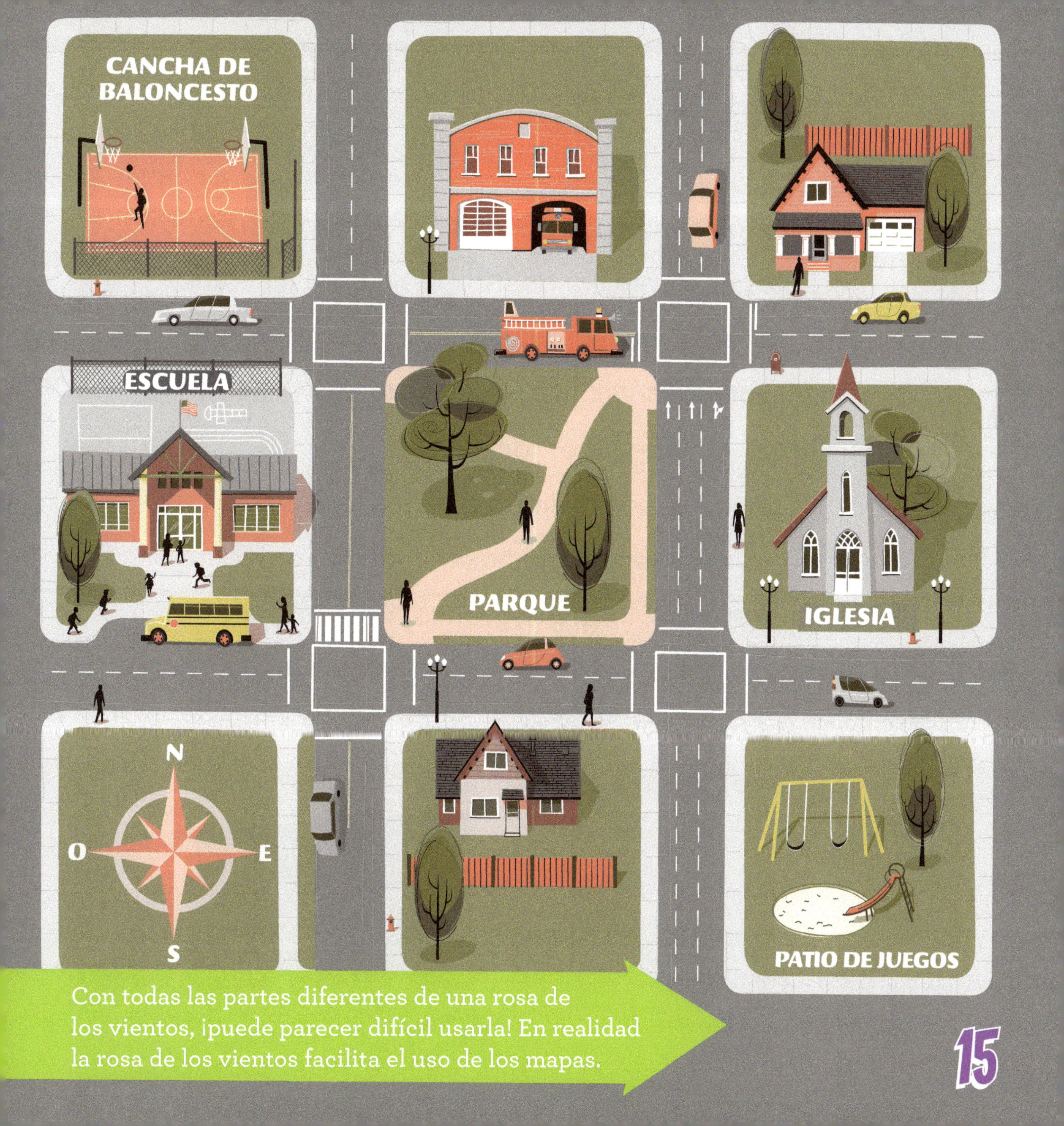

Con todas las partes diferentes de una rosa de los vientos, ¡puede parecer difícil usarla! En realidad la rosa de los vientos facilita el uso de los mapas.

NORTE VERDADERO

Quizás el punto cardinal más importante que necesitas conocer cuando uses la rosa de los vientos es el norte. Su azimut es 0 o 360 grados, porque es donde comienza y finaliza la rosa de los vientos. Pero encontrar el norte no es fácil.

Cuando observas la rosa de los vientos de un mapa, está señalando hacia el norte verdadero, es decir el Polo Norte **geográfico**. Sin embargo, cuando la aguja señala el norte en una **brújula**, lo que encuentras es el norte magnético. La diferencia entre estos dos nortes se denomina declinación.

SOLO HECHOS

La declinación cambia según tu ubicación en la Tierra. También cambia con el tiempo, por lo que todos los años se hacen mapas de declinación nuevos del planeta.

Los usuarios de brújulas profesionales las **ajustan** en relación con la declinación usando un cuadro especial.

¿QUÉ ES UNA BRÚJULA?

Las brújulas son herramientas circulares que se utilizan para encontrar una dirección. Tienen una aguja que gira hasta que señala el norte. Las agujas de las brújulas están hechas con metal magnético que es **atraído** hacia el **núcleo** de la Tierra, que es también de metal magnético. Este magnetismo hace que la aguja señale el Polo Norte magnético.

La creencia generalizada dice que los chinos inventaron la brújula, quizás hace más de 2000 años. La brújula de los marineros, que es en gran medida como las que usamos hoy en día, probablemente se inventó en el siglo XIII ó en el XIV.

SOLO HECHOS

Según la leyenda, un marinero llamado Flavio di Gioia inventó la brújula de los marineros en Italia en 1302. Aunque hay una estatua de Gioia en Amalfi, Italia, ¡es posible que nunca haya existido!

La brújula se hizo muy importante para
los exploradores europeos, especialmente para quienes
estaban comerciando o explorando en tierras lejanas.

LAS DIRECCIONES EN UNA BRÚJULA

La brújula de plato es la más usada hoy en día. Tiene una aguja magnética que está dentro de la carcasa de la aguja, que es una cubierta redondeada de plástico. Con frecuencia está rellena de líquido. También hay un dial con grados que puede girarse a diferentes grados.

La carcasa de la brújula muestra los puntos cardinales por su nombre y los distintos azimuts o grados. La mayoría de las brújulas tienen una flecha orientadora, la cual muestra la línea sur a norte en una brújula, y una flecha de dirección de viaje la cual señala la dirección en la que te estás moviendo.

¿CÓMO ENCONTRAR EL CAMINO CON LA ROSA DE LOS VIENTOS Y LA BRÚJULA?

1 En un mapa encuentra tu ubicación actual y tu destino, es decir, a dónde deseas ir.

2 Dibuja una línea entre los dos puntos.

3 Coloca tu brújula sobre el mapa y alinea la flecha de dirección de viaje sobre la línea que dibujaste.

4 Gira tu dial hasta que la flecha orientadora de tu brújula esté señalando la misma dirección que el norte de la rosa de los vientos.

5 Retira la brújula de tu mapa y gira el cuerpo hasta que la flecha orientadora y la aguja magnética estén alineadas.

6 ¡Trasládate en la dirección que señala la flecha de dirección de viaje!

GLOSARIO

ajustar: hacer que algo coincida con otra cosa.

atraer: acercar y retener.

brújula: una herramienta para encontrar una dirección mediante el uso de una aguja magnética.

cartógrafo: persona que confecciona mapas.

encaminarse: encontrar el camino.

geográfico: relacionado con las características de la superficie de la Tierra.

marinero: persona que supervisa o ayuda en la navegación de un bote o barco para que llegue a su destino.

núcleo: centro.

orientar: disponer en una posición, especialmente en este caso, en relación con los puntos de una brújula.

símbolo: algo que representa otra cosa.

PARA MÁS INFORMACIÓN

LIBROS

Besel, Jennifer M. *Compass Rose and Directions.* North Mankato, MN: Capstone Press, 2014.

Quinlan, Julia J. *Latitude, Longitude, and Direction.* New York, NY: PowerKids Press, 2012.

SITIOS DE INTERNET

How to Make a Compass
sciencewithkids.com/Experiments/Physics-experiments/how-to-make-compass.html
Aprende cómo hacer tu propia brújula usando materiales del hogar.

Use a Compass Rose
eduplace.com/kids/socsci/books/applications/imaps/maps/g1_u3/
Usa este mapa interactivo para aprender a usar la rosa de los vientos, decir los puntos cardinales y leer los símbolos de los mapas.

Nota del editor a educadores y padres: Nuestros editores han revisado cuidadosamente estos sitios de Internet para asegurarse de que sean adecuados para los alumnos. Sin embargo, muchos sitios de Internet cambian frecuentemente y no podemos garantizar que los contenidos futuros de un sitio continuarán cumpliendo nuestros elevados estándares de calidad y valor educativo. Se recomienda que los alumnos estén supervisados de cerca siempre que accedan a Internet.

ÍNDICE